Impressum
Verlag: BABADADA GmbH, Nedderfeld 112 , 22529 Hamburg
Geschäftsführer / Verlagsleitung: Harald Hof
Druck: Books on Demand GmbH, In de Tarpen 42, 22848 Norderstedt

Imprint
Publisher: BABADADA GmbH, Nedderfeld 112 , 22529 Hamburg, Germany
Managing Director / Publishing direction: Harald Hof
Print: Books on Demand GmbH, In de Tarpen 42, 22848 Norderstedt, Germany

ቤት-ትምህርቲ

sekolah

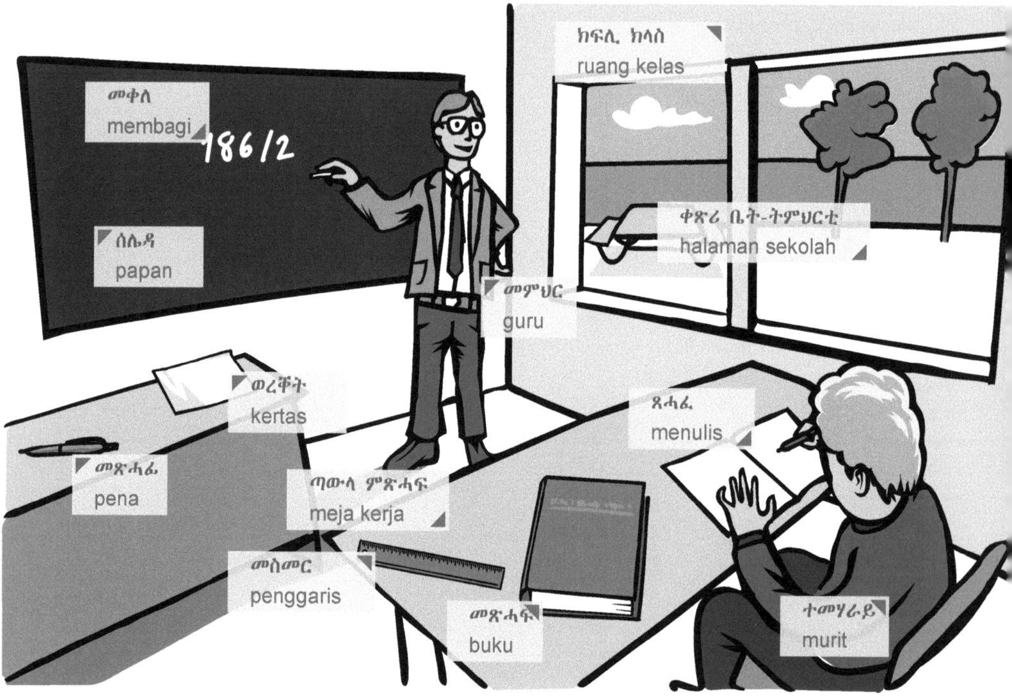

ክፍሊ ክላስ
ruang kelas
መቀለ
membagi
186/2
ሰሌዳ
papan
ቀጽሪ ቤት-ትምህርቲ
halaman sekolah
መምህር
guru
ወረቐት
kertas
ጸሓፈ
menulis
መጽሓፊ
pena
ጣውላ ምጽሓፍ
meja kerja
መስመር
penggaris
መጽሓፍ
buku
ተመሃራይ
murit

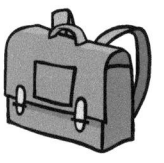

ሳንጣ ትምህርቲ

tas sekolah

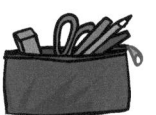

ሰፈር ብርዒ

tempat pensil

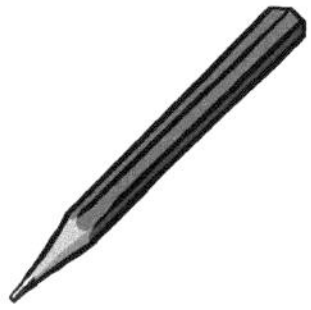

ርሳስ

pensil

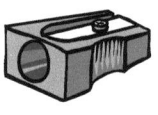

መብልሒ ርሳስ

pengasah pensil

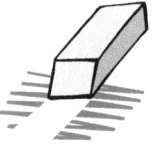

መደምሰሲ

penghapus

ጥራዝ ስእሊ

kertas gambar

ስእሊ

gambar

ብርሺ ቀለም

kuas

ቦክስ ቀለም

kotak cat

መቐስ

gunting

መጣበቒ

lem

ጥራዝ መላመዲ

buku latihan

ዕዮ ገዛ

pekerjaan rumah

ቁጽሪ

angka

2+2

ወሰኽ

tambhakan

ጎደለ

mengurangi

ረብሓ

mengalikan

ደመረ

menghitung

ፊደል

huruf

ስርዓት ፊደላት

alfabet

ቃል

kata

ጽሑፍ

teks

አንብበ

membaca

ኩርሽ

kapur

ሰዓት

pelajaran

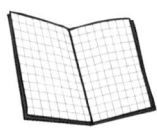

መዝገብ ክላስ

daftar

መርመራ

ujian

ሰርቲፊከት

sertifikat

ድቢዛ ቤትትምህርቲ

seragam sekolah

ትምህርቲ

pendidikan

ለክስኮን

ensiklopedi

ዩኒቨርሲቲ

universitas

ሚክሮስኮፕ

mikroskop

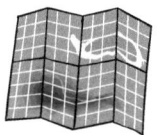

ካርታ

peta

ጎሓፍ ወረቓት

tempat sampah

መገሻ

perjalanan

መቐበሊ ኣጋይሽ
hotel
Grand
ሆስተል
hostel
ROOMS
ቦታ ቅያር ገንዘብ
kantor pertukaran mata uang
CHANGE
ባሊጃ
koper
መኪና
mobil

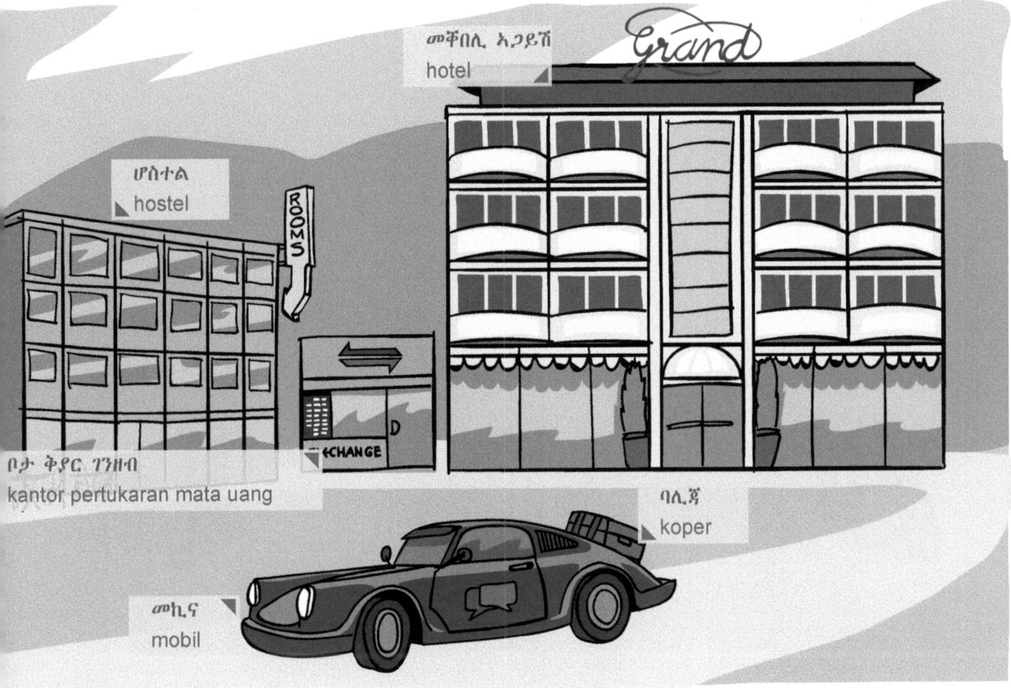

ቋንቋ

bahasa

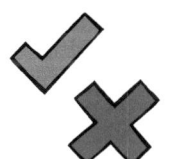

እወ / ኖ

ya / tidak

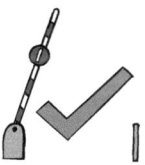

ሕራይ

okay

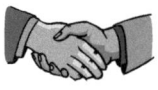

ሰላም

hallo

ኣስተርጓሚ

penerjemah

የቐንየለይ

terima kasih

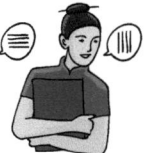

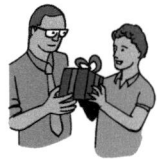

. . . ክንደይ ዋግኡ?

Berapa harganya…?

አይተረደአኹን

saya tidak mengerti

ሽግር

masalah

ሰላም ምሽት!

Selamat malam!

ከመይ ሓዲርካ

Selamat siang!

ሰላም ለይቲ

Selamat tidur!

ደሓን ኩን

sampai jumpa

አንፈት

arah

ጉዓዝ

bagasi

ሳንጣ

tas

ሳንጣ ሕቖ

ransel

ጋሻ

tamu

ክፍሊ.

ruang

ክሻ መደቐሲ.

kantong tidur

ቴንዳ

tenda

ሓበሬታ በጸሕቲ ሃገር

informasi wisata

ገምገም ባሕሪ

pantai

ክሬዲት ካርድ

kartu kredit

ቁርሲ

sarapan

ምሳሕ

makan siang

ድራር

makan malam

ቲከት

tiket

ሊፍት

elevator

ማሕተም ደብዳበ

perangko

ዶብ

perbatasan

ድንና

cukai

ኤምበሲ

kedutaan

ቪዛ

visa

ፓስፖርት

paspor

transportasi

ነፋሪት
kapal terbang

መርከብ
perahu

መኪና መጥፍኢ ሓዊ
mobil pemadam kebakaran

ናይ ጽዕነት መኪና
truk

አውቶቡስ
bis

ጃልባ ሞቶር
perahu motor

ብሽግለታ
sepeda

መኪና
mobil

ፌሪ
feri

ጃልባ
perahu

ሞቶ
sepeda motor

መኪና ፖሊስ
mobil polisi

መኪና ቅድድም
mobil balapan

ክራይ መኪና
mobil sewa

ም*ውፋይ መካይን*
berbagi mobil

መወሰዲ መኪና
truk derek

መኪና ጎሓፍ
truk sampah

ሞቶር
motor

ነዳዲ
bahan bakar

እንዳ ነዳዲ
bensin

ምልክት ትራፊክ
tanda lalulintas

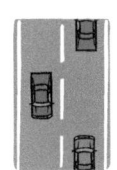

ትራፊክ
lalulintas

ምጭቅጫቅ ትራፊክ
macet

መዓሸጊ መኪና
parkir mobil

መዕረፊ ባቡር
stasiun kereta

ሓዲግ
trek

ባቡር
kereta api

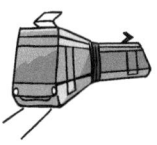

ትረም
tram

ባጎኒ
gerobak

ሄሊኮፕተር

helikopter

መዓረፍ ነፈርቲ

bendara

ታወር

menara

ተጓዥ

penumpang

ኮንተይነር

container

ሳንዱኞ ካርቶን

karton

ኮርሳ ጽዕነት

troli

ዘንቢል

keranjang

ተበገሰ / ዓለበ

berangkat / mendarat

ከተማ

kota

ቀኣሽት

desa

ማእከል ከተማ

pusat kota

ገዛ

rumah

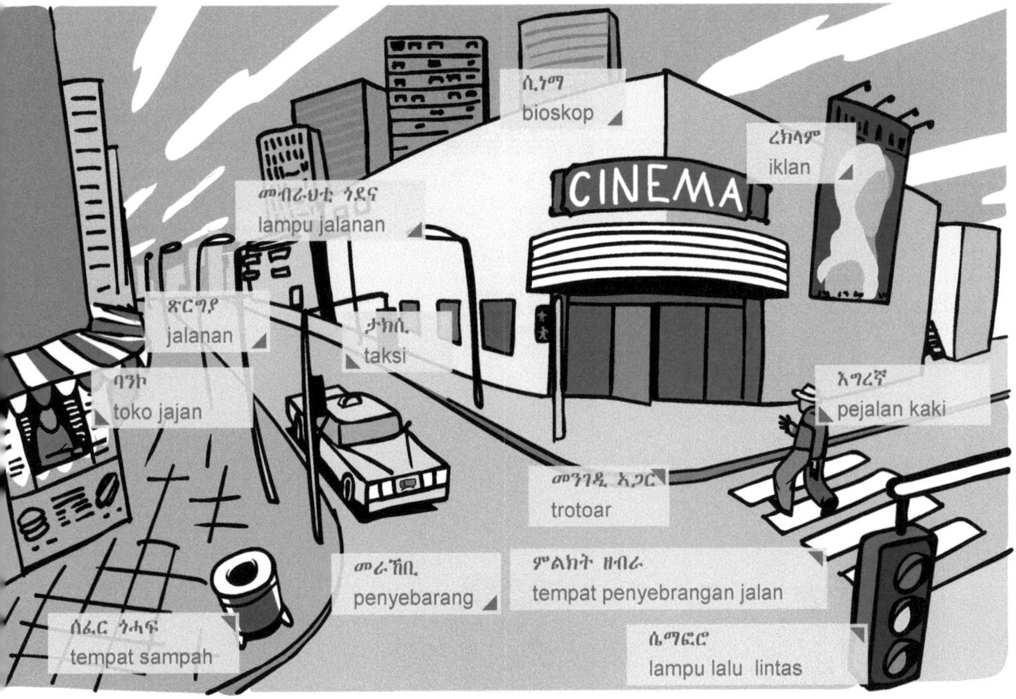

ሲነማ
bioskop
CINEMA
ረክላም
iklan
መብራህቲ ጎደና
lampu jalanan
ጽርግያ
jalanan
ታክሲ
taksi
ባንኮ
toko jajan
እግረኛ
pejalan kaki
መንገዲ ኣጋር
trotoar
መራኸቢ
penyebarang
ምልክት ዘብራ
tempat penyebrangan jalan
ሰፈር ጎሓፍ
tempat sampah
ሴማፎሮ
lampu lalu lintas

ኣጉዶ

gubuk

ኣፓርትመንት

rumah flat

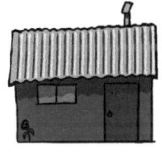

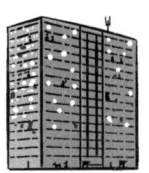

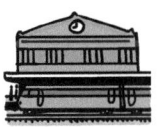

መዕረፊ ባቡር

stasiun kereta

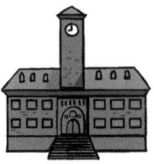

ቤት ምምሕዳር

balai kota

MUSEUM

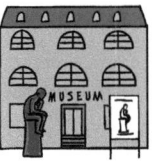

ቤተ መዘክር

museum

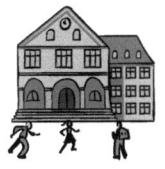

ቤት-ትምህርቲ

sekolah

ዩኒቨርሲቲ

universitas

ባንክ

bank

ሆስፒታል

rumah sakit

መቻበሊ አጋይሽ

hotel

ቤት መድሃኒት

farmasi

ቤት ጽሕፈት

kantor

ዱኳን መጽሓፍቲ

toko buku

ዱኳን

toko

ዱኳን ዕንባባ

toko bunga

ሱፐርማርክት

supermarket

ዕዳጋ

pasar

ሹቅ

toko serba ada

ነጋዶይ ዓሳ

nelayan

ሹቅ

pusat belanja

መርሳ

pelabuhan

መዝናግዒ
taman

ባንኪ
banku

ድልድል
jembatan

መደያይቦ
tangga

ባቡር ትሕቲ ምድሪ
kereta bawah tanah

ቢንቶ
terowongan

መዕረፊ አውቶቡስ
pemberhantian bis

ቤት መስተ
bar

ቤት-መግቢ
restauran

ስታሪት
kotak surat

ታቤላ
tanda jalan

ሰዓት ፓርኪንግ
meteran parkir

መካነ እንስሳታት
kebun binatang

መሓምበሲ
kolam renang

መስጊድ
mesjid

ቤት ሕርሻ

pertanian

ብከላ

polusi

መቓብር

kuburan

ቤተክርስትያን

gereja

ቦታ ምጽዋት

tempat bermain

ቤት መቕደስ

pura

ስእሊ መሬት

pemandangan

አቝጽልቲ
daun

መሕበሪ መገዲ
penunjuk arah

መገዲ
jalanan

ሸኻ
padang rumput

እምኒ
batu

ኮብላሊ
pejalak kaki

ኣግራብ
pohon

ፈለግ
sungai

ሳዕሪ
rumput

ዕንባባ
bunga

ስንጭሮ
....
lembah

ኑብ
....
bukit

ቀላይ
....
danau

ዱር
....
hutan

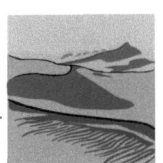

ምድረ በዳ
....
padang gurun

እሳተ-ጎመራ
....
gunung berapi

ግምቢ
....
istana

ቀስተ-ደመና
....
pelangi

ቃንጥሻ
....
jamur

ዖርኮብኮባይ
....
pohon palem

ጣንጡ
....
nyamuk

ሃመማ
....
lalat

ጻጻ
....
semut

ንህቢ
....
lebah

ሳሬት
....
laba-laba

ሕንዚዝ

kumbang

ዕንቅርያብ

kodok

ምጽጹላይ

tupai

ቅንፍዝ

landak

ማንቲለ

kelinci

ጉንጓ

burung hantu

ጭሩ

burung

ስዋን

angsa

መፍለስ

babi jantan

ዓጋዘን

rusa

ሙስ

rusa

ግድብ

bendungan

ተርባይን ንፋስ

turbin angin

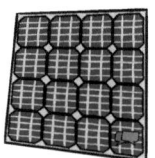

ሶላር ስርሓት

panel surya

ኩነታት አየር

iklim

ቤት-መግቢ

restauran

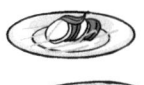

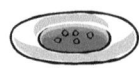

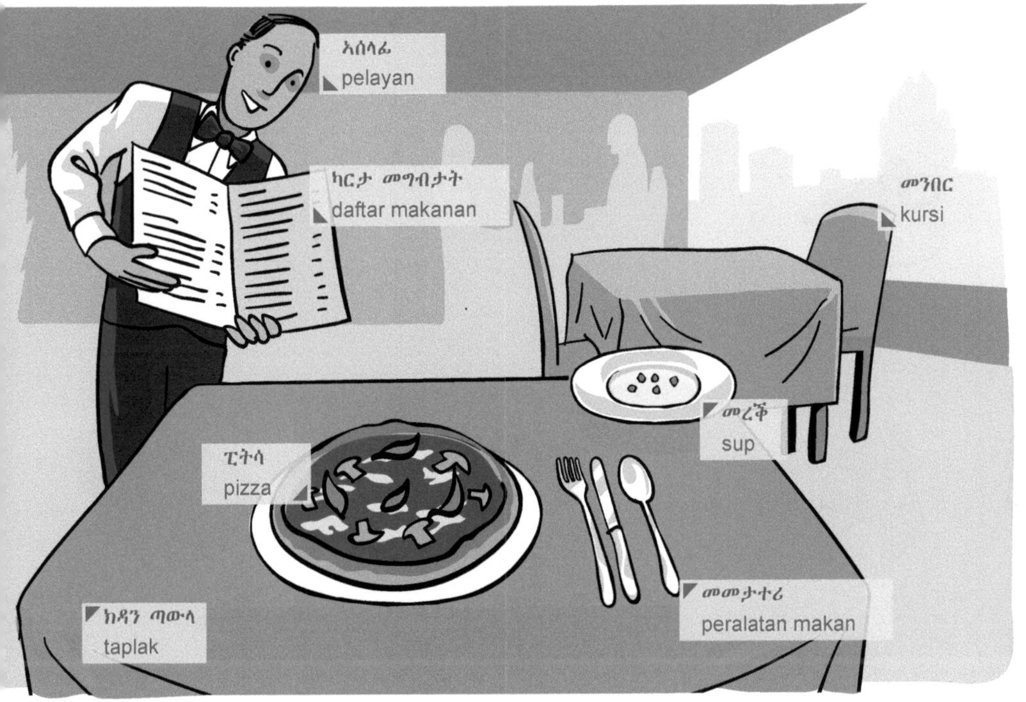

ኣሰላፊ
pelayan
ካርታ መግብታት
daftar makanan
መንበር
kursi
መረቕ
sup
ፒትሳ
pizza
መመታተሪ
peralatan makan
ክዳን ጣውላ
taplak

ቅድመ ቀንዲ መግቢ

hindangan pembuka

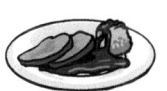

ቀንዲ መኣዲ

hidangan utama

ድሕረ መግቢ

hidangan penutup

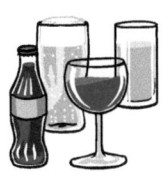

መስተ

minuman

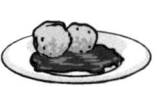

መግቢ

makanan

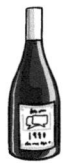

ጥርሙዝ

botol

ስሉጥ መግቢ
fastfood

መግቢ ጸርግያ
masakan jalanan

ብርጭቆ ሻሂ
teko teh

ታኒካ ሽኮር
kaleng gula

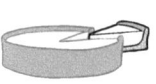

ክፋል
porsi

ማሺን ኤስፕረሶ
mesin espresso

ነዊሕ መንበር
kursi tinggi

ጸብጸብ
tagihan

ታብለት
baki

ካራ
pisau

ፉርከታ
garpu

ማንካ
sendok

ማንካ ሻሂ
sendok teh

ሰርቪየት
serbet

ብኬሪ
gelas

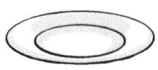

ሸሓኒ
....
piring

ሸሓኒ መረቅ
....
piring sup

ትሕቲ ኩባያ
....
lepek

ጸብሒ
....
saus

ወሃቢ ጨው
....
tempat garam

መጥሓን በርበረ
....
gilingan merica

አቾቶ
....
cuka

ዘይቲ
....
minyak

ቀመም
....
bumbu

ከቸፕ
....
saus tomat

አድሪ
....
mustar

ማዮኔዝ
....
mayones

ሱፐርማርክት

supermarket

ወፈያ
penawaran khusus
FOR
ዓሚል
klien
ፍርያታት ጸባ
produk susu
ፍረታት
buah
ሰረገላ ዱኳን
troli

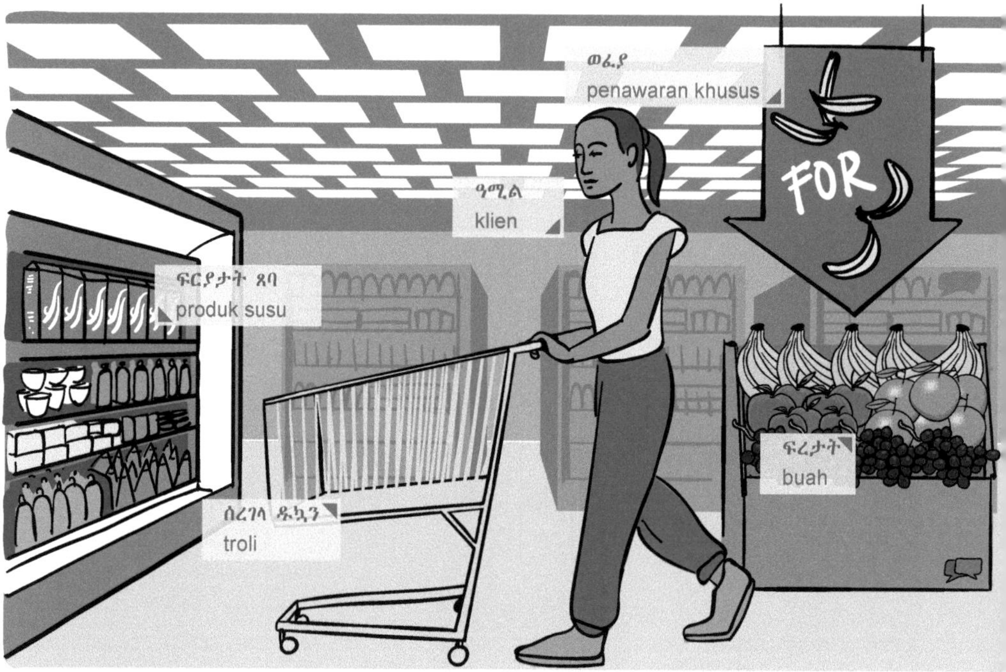

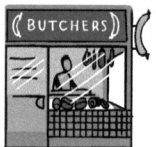

BUTCHERS

እንዳ ስጋ

pembantai

BAKERY

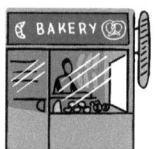

እንዳ ባኒ

toko roti

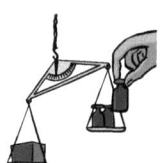

ክብደት

menimbang

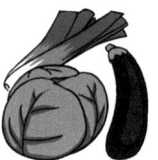

ኣሕምልቲ

sayur

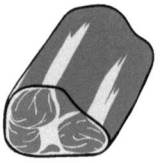

ስጋ

daging

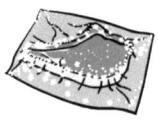

መግቢ ፍሪጅ በረድ

makanan beku

ዝሑል ቅሩብ መግቢ
pemotongan dingin

እስቃጥላ
makanan kaleng

አሞ
sabun serbuk

ምቁር መግቢ
permen

ዘቤታውያን አችሑ
alat-alat rumah tangga

ናውቲ መጻረዪ
obat pembersihan

ሸቃጣይ
penjual

ካሳ
kasa

ተሓዝ ገንዘብ
kasir

ዝርዝር ምግዛእ
daftar belanja

ክፉት ሰዓታት
jam buka

ማሕፉዳ
dompet

ክሬዲት ካርድ
kartu kredit

ሳንጣ
tas

ፌስታል
kantong plastik

ማይ

air

ጅማቋ

jus

ጸባ

susu

ኮላ

cola

ነቢት

anggur

ቢራ

bir

አልኮል

alkohol

ካካው

coklat

ሻሂ

teh

ቡን

kopi

ኤስፕረሶ

espresso

ካፑቺኖ

cappucino

ባናና

pisang

ቱፋሕ

apel

አራንሺ.

jeruk

ብርጭቆ

semangka

ለሚን

jeruk lemon

ካሮት

wortel

ጸዕዳ ሽጉርቲ

bawang putih

ባምቡስ

bambu

ሽጉርቲ

bawang bombai

ቅንጥሻ

jamur

ፉል

kacang

ፓስታ

mi

ስፓጌቲ
....
spagetti

ሩዝ
....
nasi

ሰላጣ
....
salat

ቅልዋ ድንሽ
....
kentang goreng

ቅሉው ድንሽ
....
kentang goreng

ፒትሳ
....
pizza

ሃምቡርገር
....
hamburger

ፓኒኖ
....
sandwich

ቢስተካ
....
sayatan

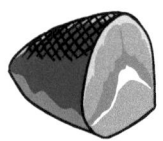

ሰለፍ ሓሰማ
....
ham

ሳላሚ
....
salami

ግዕዝም
....
sosis

ደርሆ
....
ayam

ቀለወ
....
menggoreng

ዓሳ
....
ikan

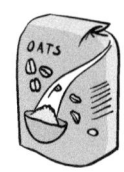

ገዓት

bubur gandum

ሙስሊ

sereal

ኮርንፍለይክስ

cornflakes

ሓርጭ

tepung

ክሮሶን

croissant

ባኒ

roti

ባኒ

roti

ቶስት

toast

ብሽኮቲ

biskuit

ጠስሚ

mentega

ርጎኦ

dadih

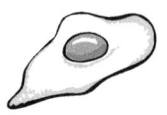

ፓስተ

kue

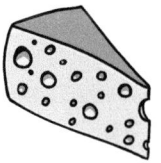

እንቋቍሓ

telur

ቅሉው እንቋቍሓ

telur goreng

ፋርማጆ

keju

አይስ ክሪም
....
eskrim

ሽኩር
....
gula

መዓር
....
madu

ጃም
....
selai

ኑጋት-ክሬም
....
krim nugat

ኩሪ
....
kare

ቤት ሕርሻ

pertanian

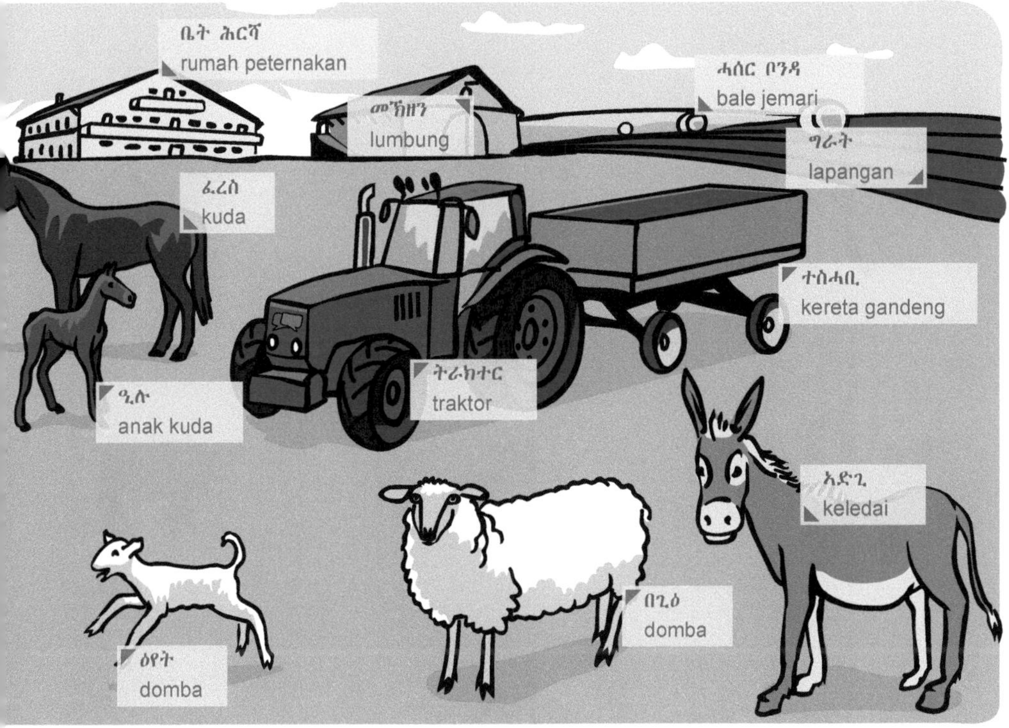

ቤት ሕርሻ
rumah peternakan
መኽዘን
lumbung
ሓሰር ቦንዳ
bale jemari
ግራት
lapangan
ፈረስ
kuda
ተስሓቢ.
kereta gandeng
ትራክተር
traktor
ዒሉ
anak kuda
ኣድጊ
keledai
በጊዕ
domba
ዕየት
domba

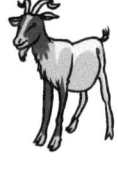

ጤል

kambing

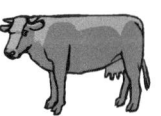

ብዕራይ

sapi

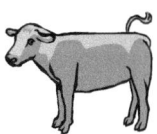

ምራኽ

betis

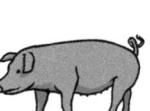

ሓሰማ

babi

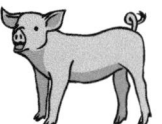

ውላድ ሓሰማ

celeng

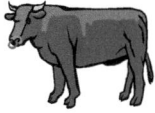

ኣርሓ

banteng

ዓዓ
angsa

ማይ ደርሆ
bebek

ጫቑት
anak ayam

ደርሆ
ayam

ኣርሓ ደርሆ
ayam jantan

ኣንጨዋ ዓባይ
tikus

ድሙ
kucing

ኣንጭዋ
tikus

ብዕራይ
lembu

ከልቢ
anjing

ኣጉዶ ከልቢ
rumah anjing

ቱባ ጆርዲን
selang

መዝፈፊ ማይ
penyiram

ዓቢ ማዕጺድ
sabit

ማሕረሻ
bajak

ማዕጺድ
sabit

ጭኳሮ
cangkul

መስአ
garpu rumput

ፋስ
kapak

ዓረብያ ኢድ
gerobak

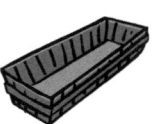

ጋብላ
palung

ብርጭቆ ጸባ
kaleng susu

ክሻ
karung

ሓጹር
pagar

መንሰስ
kandang

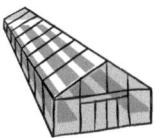

ቆጠልያ ገዛ
rumah kaca

ባይታ
tanah

ዘርኢ
benih

ድኹዒ
pupuk

ዘጣምር ቀውዓይ
mesin pemanen

ቀውስ

panen

ጻጣ

panen

ድንሽ ያም

yams

ስርናይ

gandum

ሶያ

kedelai

ድንሽ

kentang

ዕፉን

jagung

ራፕስ

lobak

ገረብ ፍረታት

pohon buah

ማኒኦክ

singkong

አእኽል

sereal

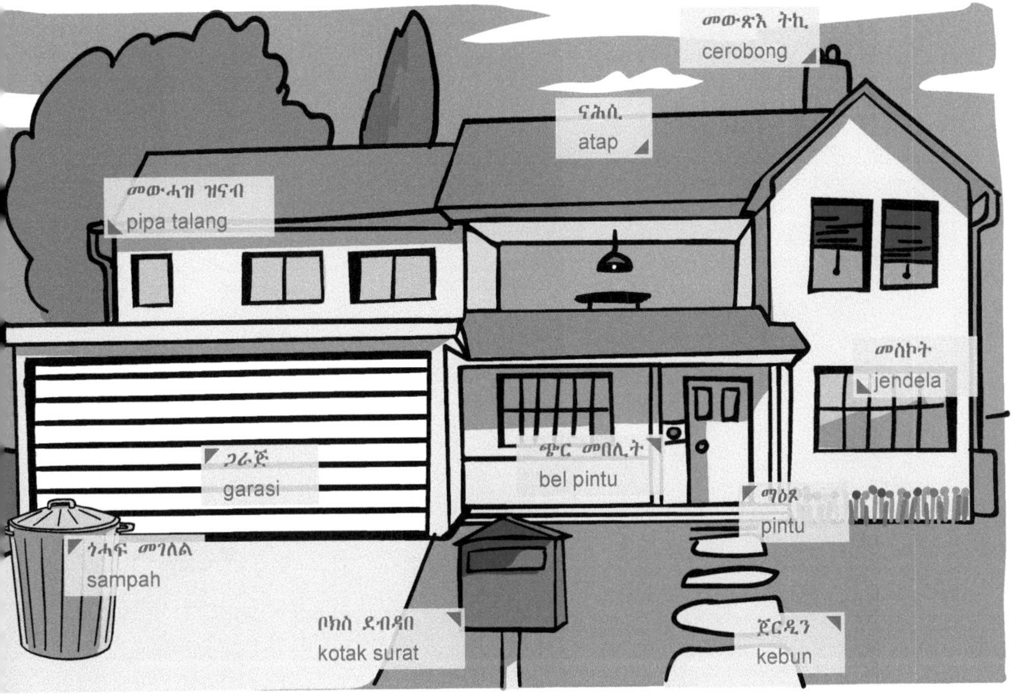

መውጽእ ትኪ
cerobong

ናሕሲ
atap

መውሓዝ ዝናብ
pipa talang

መስኮት
jendela

ጋራጅ
garasi

ጥር መበሊት
bel pintu

ማዕጾ
pintu

ጎሓፍ መገለል
sampah

ቦክስ ደብዳበ
kotak surat

ጀርዲን
kebun

ክፍሊ ምቅማጥ
....
ruang tamu

ክፍሊ ባንዮ
....
kamar mandi

ክሽነ
....
dapur

ክፍሊ መደቀሲ
....
kamar tidur

ክፍሊ ቆልዑ
....
kamar anak

መመገቢ ክፍሊ
....
kamar makan

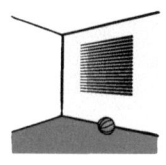

ባይታ

lantai

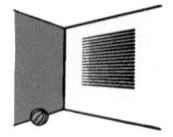

መንደቅ

tembok

ከበርታ

atap

ካንቲና

gudang di bawah tanah

ሳውና

sauna

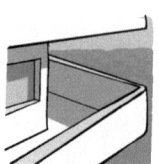

ባልኮን

balkon

ዛላ

teras

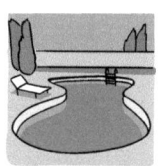

መሕምበሲ

kolam renang

መቁረጺ ሳዕሪ

mesin pemotong rumput

አንሶላ ዓራት

sprei

ከበርታ ዓራት

selimut

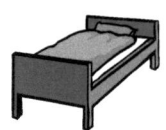

ዓራት

tempat tidur

መኽስተር

sapu

መገለል

ember

መወልዒት

tombol

ክፍሊ ምቕማጥ
ruang tamu

ወረቐት መንደቕ
kertas dinding
ስእሊ
gambar
ላምፓ
lampu
ክብሒ
rak
ክብሒ
kabinet
ተለቪዥን
televisi
መውጽኢ ትኪ ኣብ ገዛ
perapian
ዕንባባ
bunga
መተርኣስ
bantal
ሳሎን
sofa
ባዞ
vas
ሪሞት
remote control

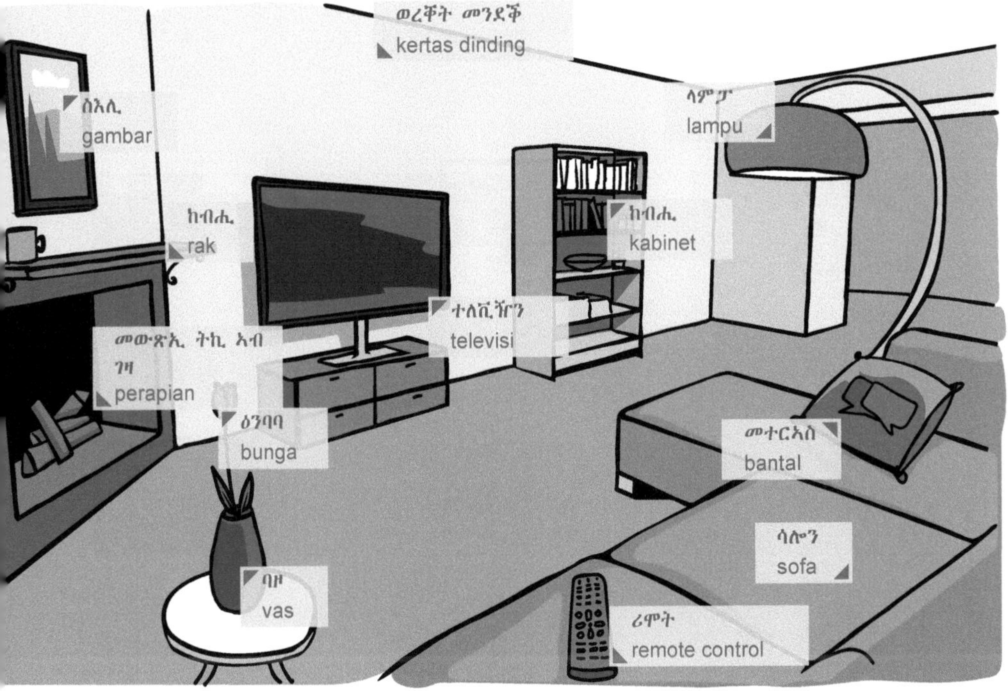

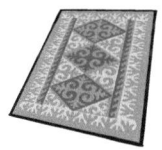

መንጸፍ
....
karpet

መጋረጃ
....
korden

ጣውላ
....
meja

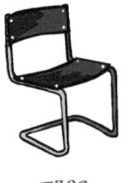

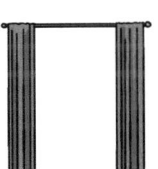

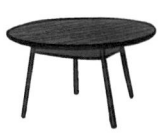

መንበር
....
kursi

ሰለል ዝብል መንበር
....
kursi goyang

መንበር ምቹእ
....
kursi malas

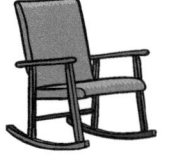

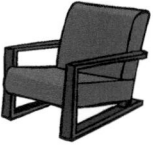

መጽሓፍ

buku

ከቦርታ

selimut

ስልማት

dekorasi

እንጨይቲ ሓዊ

kayu bakar

ፊልም

filem

ስተረዮ

hi-fi

መፍትሕ

kunci

ጋዜጣ

koran

ቅብአ

lukisan

ፖስተር

poster

ሬድዮ

radio

ጥራዝ

buku tulis

መልገሲ ደርና

penyedot debu

በለስ

kaktus

ሽምዓ

lilin

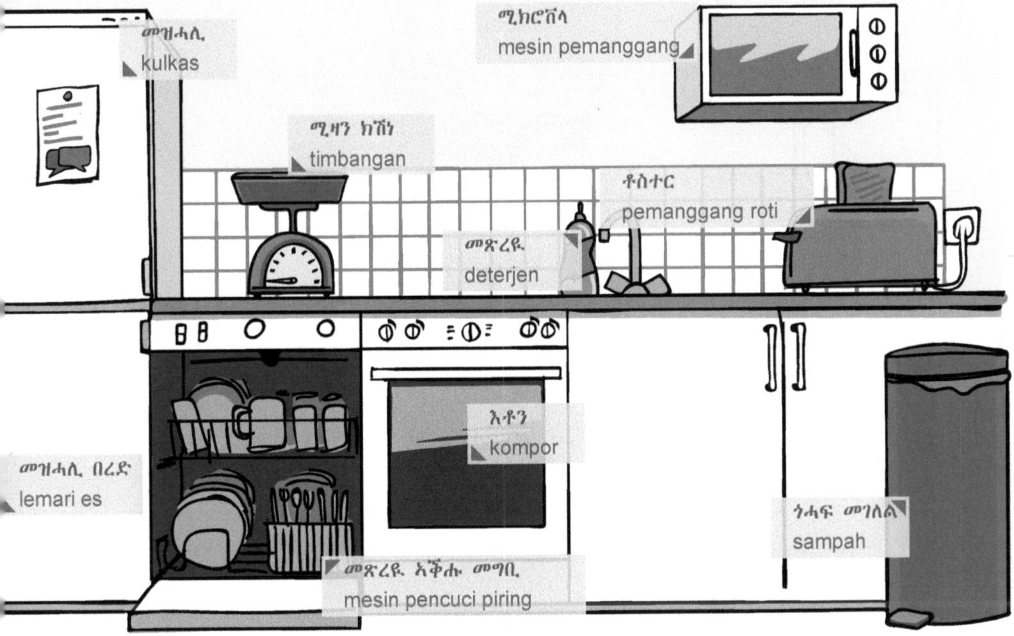

መዝሓሊ
kulkas

ሚክሮቨላ
mesin pemanggang

ሚዛን ክሽነ
timbangan

ቶስተር
pemanggang roti

መጽረዩ
deterjen

መዝሓሊ በረድ
lemari es

እቶን
kompor

ጎሓፍ መገለል
sampah

መጽረዩ አቕሑ መግቢ
mesin pencuci piring

መኽሽኔ
kompor

ድስቲ
panci

ድስቲ ሓጺን
panci besi

ቾክ/ካዳይ
wajan

ባደላ
panci

መውዓዪ ማይ
pemanas air

መፍልሒ

panci pengukus makanan

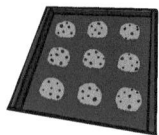

ጎንቴራ ምስንካት

nampan

ኣቝሑ መግቢ

piring

ብርጭቆ

cangkir

ጭሓሎ

mangkok

ማንካቔና

sumpit

ማንካ መረቕ

sendok sup

መገልበጢ ባደላ

sudip

መኹስተር ውርጪ

mengocok

መንፈት መግቢ

saringan

መንፈት

saringan

መፋሕፍሒ

parutan

ሞርታር

mortir

ባርቢክዩ

barbeque

ስፍራ ሓዊ

api terbuka

እንጨይቲ ምምታር
papan memotong

እንጨይቲ ኩረር
gilingan

መኽፈት ቡሽ
alat pembuka botol

ታኒካ
kaleng

መኽፈቲ ታኒካ
pembuka kaleng

ጨርቂ ድስቲ
pegangan panci

ቡምባ
wastafel

አስባስላ
sikat

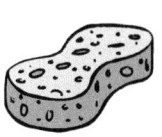

ሰፍነግ
busa

ሓዋሲ አደባላቒ
mesin pencampur

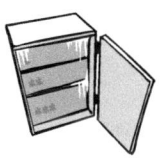

መዝሓሊ በረድ
lemari es

ጥርሙዝ ማማይ
botol bayi

ቡምባ ማይ
keran

ክፍሊ ባንዮ

kamar mandi

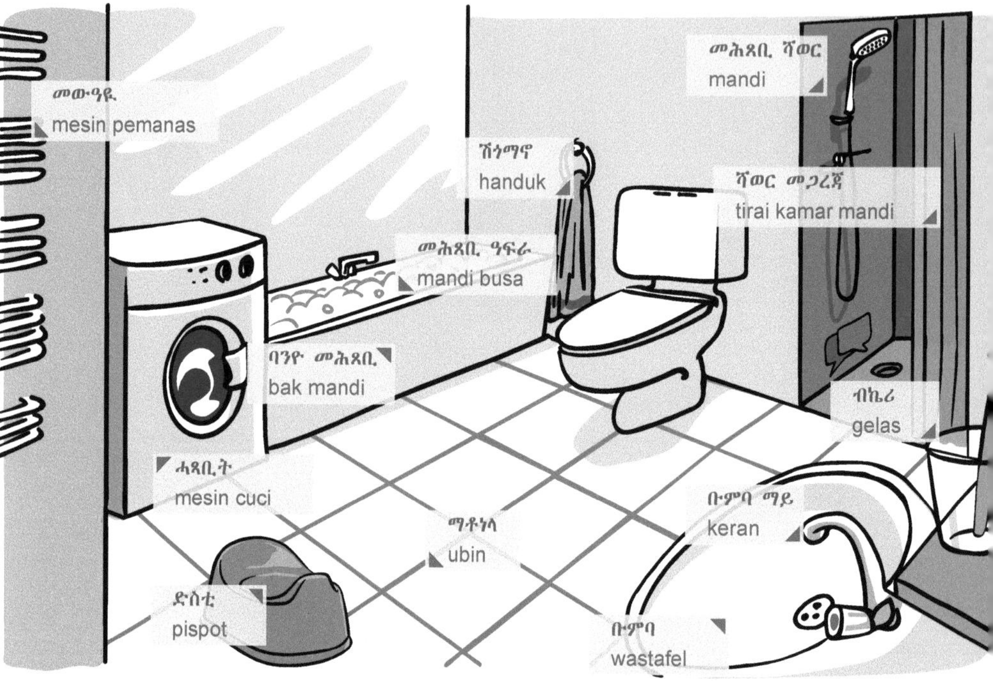

መውዓዪ
mesin pemanas
ሽጎማኖ
handuk
መሕጸቢ ሻወር
mandi
ሻወር መጋረጃ
tirai kamar mandi
መሕጸቢ ዓፍራ
mandi busa
ባንዮ መሕጸቢ
bak mandi
ሓጻቢት
mesin cuci
ብኬሪ
gelas
ቡምባ ማይ
keran
ማቶነላ
ubin
ድስቲ
pispot
ቡምባ
wastafel

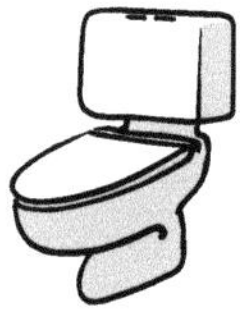

ሽቓቕ

toilet

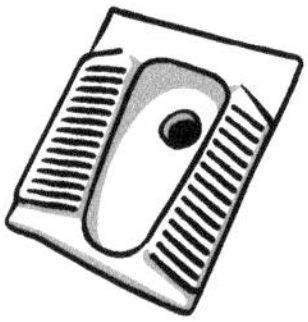

ሽቓቕ ኮፍ

toilet jongkok

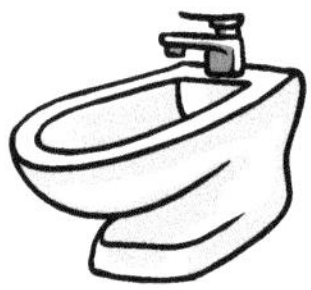

በዴ

bidet

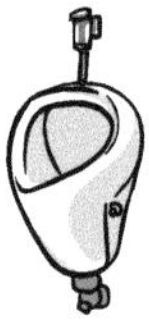

ሽቓቕ ተባዕታይ

pissoir

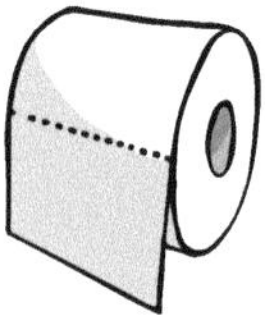

ወረቐት ሽቓቕ

kertas toilet

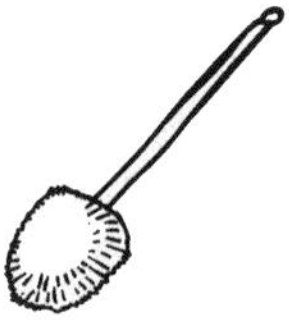

ኣስባስላ ሽቓቕ

sikat toilet

አስባስላ ስኒ

sikat gigi

ክረማ ስኒ

pasta gigi

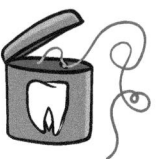

ሃሪ ስኒ

benang gigi

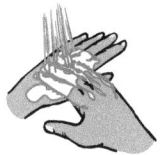

ሓጸብ

menyuci

ዱሽ ኢድ

pancuran tangan

ዱሽ

pancuran

ብርጭቆ ምሕጻብ

bak

አስባስላ ሕቆ

sikat punggung

ሳምና

sabun

ሻወር ጀል

gel mandi

ሻምፑ

sampo

ጨርቂ መሕጸቢ

planel

መውሓዚ

kuras

ክረማ

krim

ደዮ ጨና

deodoran

መስትያት

kaca

ናይ ኢድ መስትያት

cermin tangan

መላጸ

pisau cukur

ዓፍራ ምልጸይ

busa cukur

ጨና ድሕሪ ምልጸይ

aftershave

መመሸጥ

sisir

አስባስለ

sikat

መንቋጺ ጸግሪ

alat pengering rambut

ስፕረይ ጸግሪ

semprot rambut

መመላኽዒ

makeup

ብርዒ ቀለም ከንፈC

lipstik

አዝማልቶ

cat kuku

ጸምሪ ጡጥ

kapas

መስደዲ ጽፍሪ

gunting kuku

ጨና

minyak wangi

ሳንጣ መሕጸቢ.
....
kantong pencuci

ድኳ
....
bangku

ሚዛን
....
timbangan

ክዳን መሕጸቢ.
....
mantel mandi

ጓንቲ መጸረዪ.
....
sarung tangan karet

ታምፖን
....
tampon

ጨርቂ ሰበይቲ
....
handuk pembalut

ሽቓቕ ከሚስትሪ
....
toilet kimia

ክፍሊ ቆልዑ

kamar anak

ኣላርም
መተስኢ
jam alarm
መጻወቲ እንስሳ
boneka tidur
መጻወቲ መኪና
mobil-mobilan
ኳሕኳሕ መበሊ
kelintung
ቤት ባምቡላ
rumah boneka
ህያብ
kado

ባላንችና

balon

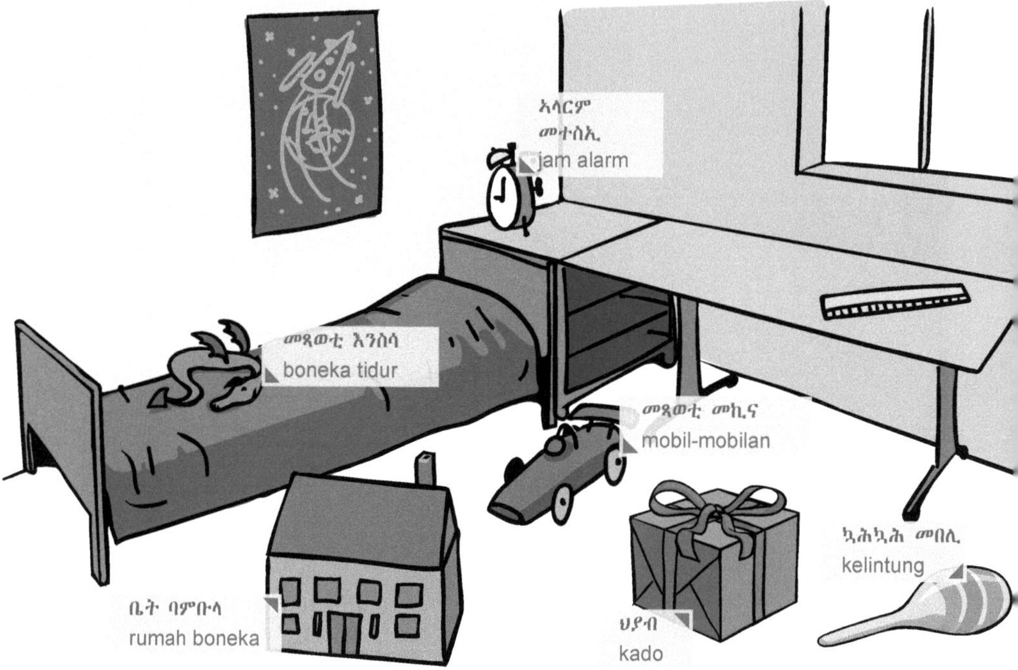

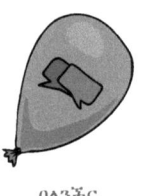

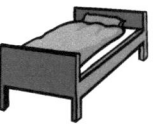

ዓራት

tempat tidur

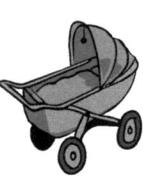

ሰረገላ ህጻን

kereta bayi

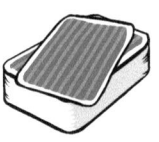

ጸወታ ካርታ

mainan kartu

ሕንቅሊተይ

teka-teki

SUPER
MEGA

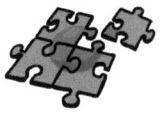

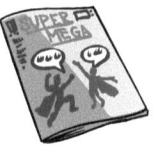

ኮሚዲ

komik

እምንታት መጸወቲ ለጎ
mainan lego

መጸወቲ እምንታት
blok mainan

በዓል አክቾን
figur aksi

ክዳን ማማይ
baju monyet

ፍሪስቢ
frisbee

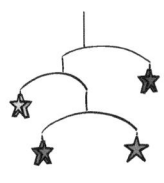

ሞባይል ማማይ
mobile

ጸወታ ሰሌዳ
permainan papan

ኩቦ
dadu

ሞደል ባቡር ምድሪ
set model kreta api

ዓባስ
dot

ፓርቲ
pesta

መጽሓፍ ስእሊ
buku gambar

ኩዕሶ
bola

ባምቡላ
boneka

ተጻወተ
bermain

መጻወቲ ሑጻ
tempat main pasir

ሰላል
ayunan

መጻወቲታት
mainan

ኮንሶል ቪድዮ
video game konsol

መጻወቲ ሰለስተ መንኮርኮር
sepeda roda tiga

ተዲ
teddy

ከብሒ ክዳን
lemari pakaian

ካልስታቶ
kaos kaki

ነዊሕ ካልስታቶ
kaos kaki

ስረ ካልሲ
baju ketat

ሻርባ
syal

ጽላል
payung

ማልያ
kaos

ቁልፊ
sabuk

ሬፉዕ
sepatu bot

ጫማ ገዛ
sandal

ስኒከርስ
sepatu

ሻበጥ
sandal

ጫማ
sepatu

ሬፉዕ ጎማ
sepatu bot karet

ሙታንታ
celana dalam

ክዳን ጡብ
BH

ትሕተ ካሚቻ
baju rompi

ቦዲ

body

ስረ

celana

ጂንስ

jeans

ቀምሽ

rok

ካምቻ

blus

ካሚቻ

kemeja

ጉልፎ

aket berkerudung

ጎልፎ

sweater

ጃኬት

jaket

ጃከት

jaket

ጁባ

mantel

ክዳን ዝናብ

jas hujan

ኮስቱም

kostum

ቀምሽ

gaun

ቀምሽ መርዓ

gaun pengantin

ልብሲ.
setelan resmi

ካሚቻ ለይቲ
gaun tidur

ክዳን ለይቲ
piyama

ሳሪ
sari

መሃረብ ርእሲ.
jilbab

ቱርባን
turban

ቡርካ
burka

ካፍታን
kaftan

አባያ
abaya

ክዳን መሕምበሲ.
pakaian renang

ስረ መሕምበሲ.
celana renang

ሓጺር ስረ
celana pendek

ክዳን ታዕሊም
olah raga

በጃ ክዳን
celemek

ጓንቲ
sarung tangan

መልጎም

kancing

መነጽር

kacamata

በንናጅር

gelang

ማዕተብ

kalung

ቀለበት

cincin

ኩትሻ

anting

ቆብዕ

topi

መንበሪ ጁባ

gantungan mantel

ባርኔጣ

topi

ካራባት

dasi

ሻርኔጣ

ritsleting

ሀልመት

helm

መድልደል ስረ

tali selempang

ድቢዛ ቤትትምህርቲ

seragam sekolah

ድቢዛ

seragam

ሰደርያ ቆልዓ

oto

ዓባስ

dot

ጨርቂ ማማይ

popok

ቤት ጽሕፈት

kantor

ሰርቨር
server

ከብሒ ሰነድ
lemari arsip

ወረቐት
kertas

ፕሪንተር
pencetak

ሞኒቶር
layar

ጣውላ ምድሓፍ
meja kerja

ኣንጭዋ
mouse komputer

ሓፂራ
tempat pengarsipan

ኪቦርድ
papan tombol

ጎሓፍ ወረቐት
tempat sampah

ኮምፒተር
computer

መንበር
kursi

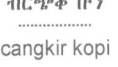

ብርጭቆ ቡን

cangkir kopi

ካልኩለተር

kalkulator

ኢንተርነት

internet

ለፕቶፕ

laptop

ደብዳበ

surat

መልእኽቲ

pesan

ሞባይል

telepon seluler

ነትወርክ/መርበብ

jaringan

መቅድሒ ፎቶኮፒ

fotokopi

ሶፍትዌር

software

ተለፎን

telepon

ሶከት ኣረንቲ

plug soket

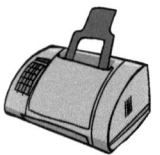

ፋክስ

mesin fax

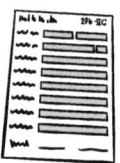

ፎርም

formulir

ሰነድ

dokumen

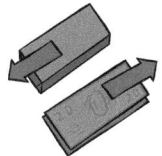

ገዝአ

membeli

ከፈለ

membayar

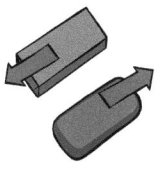

ንግዲ

berdagang

ገንዘብ

uang

ዶላር

Dollar

ኦይሮ

Euro

የን

Yen

ሩብል

Rubel

ስዊዝ ፍራንክን

Franc Swiss

ረንሚንቢ የዋን

Renminbi Yuan

ሩፒየ

Rupiah

መውጽኢ ማሺን ገንዘብ

ATM

ቦታ ቅያር ገንዘብ

kantor pertukaran mata
uang

ወርቂ

emas

ብሩር

perak

ዘይቲ

minyak

ሓይሊ

energi

ዋጋ

harga

ውዕል

kontrak

ቀረጽ

pajak

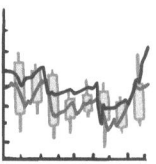

እኩብ ጥረ-ነገራት

saham

ሰርሐ

bekerja

ሰራሕተኛ

karyawan

ኣስራሒ

majikan

ትካል

pabrik

ዱኳን

toko

በዓል ፖሊስ
petugas polisi

መጠፊኢ ሓዊ
pemadam kebakaran

ከሻኒ
pemasak

ሓኪም
dokter

መራሒ ነፋሪት
pilot

ሰራሕተኛ ጀርዲን
tukan kebun

ጸራቢ ዕንጸይቲ
tukang kayu

ሰፋይት
penjahit wanita

ፈራዳይ
hakim

ቀማሚ
ahli kimia

ተዋሳኢ
aktor

መራሒ አዉቶቡስ

sopir bis

አውቲስታ ታክሲ

sopir taksi

ገፋፊ ዓሳ

nelayan

ጸራጊት

pembantu

ሃናጻይ ናሕሲ

tukang atap

አሰላፊ

pelayan

ሃዳናይ

pemburu

ሰኣላይ

pelukis

እንዳ ሕብስቲ

tukang roti

ኤለትሪከኛ

tukang listrik

ሃናጺ አባይቲ

pembangun

ሃንዳሲ

insinyur

ሰራሕተኛ እንዳ ስጋ

tukang daging

ድራብሊኮ

tukang ledeng

አማላሊ ፖስጣ

tukang pos

ወተሃደር
tentara

መሃንድስ
arsitek

ተሓዝ ገንዘብ
kasir

ሰራሕተኛ ዕምባባ
penjual bunga

ቀም ቃማይ
penata rambut

ፈተሪዎ
konduktor

መካኒክ
montir

መራሒ መርከብ
kapten

ሓኪም ስኒ
dokter gigi

ተመራማሪ
ilmuwan

ራቢ
rabbi

ኢማም
imam

ፈላሲ
biarawan

ቀሺ
pendeta

ሞያታት - pekerjaan

ናውቲ

alat

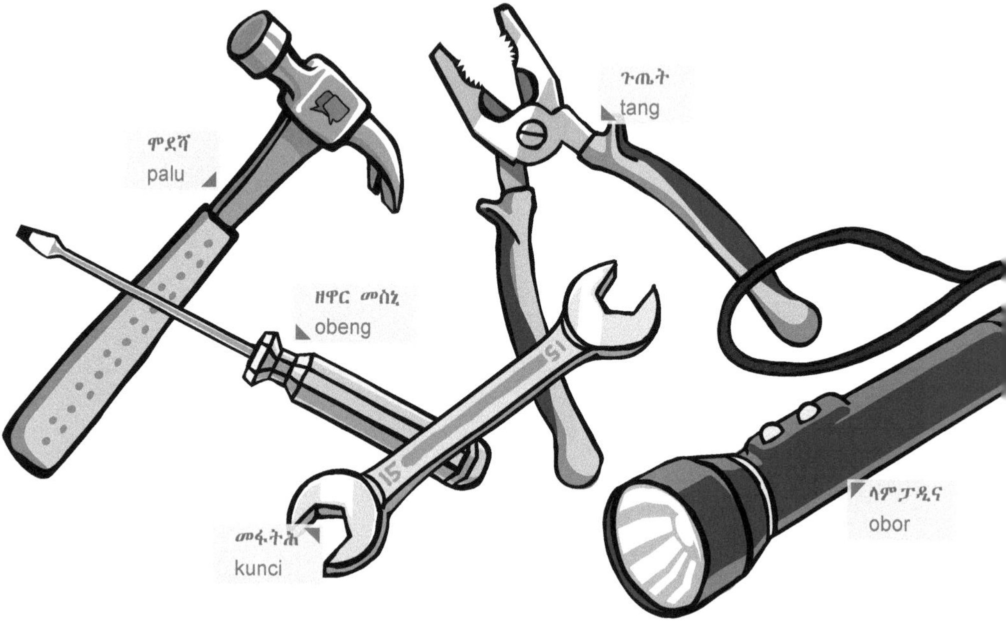

ሞደሻ
palu
ጉጤት
tang
ዘዋር መስኒ
obeng
መፋትሕ
kunci
ላምፓዲና
obor

ፈሓሪ

penggali

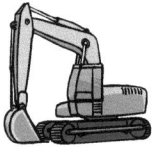

ናውቲ ቦክስ

tas perkakas

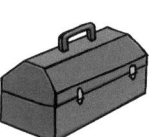

መደያይቦ

tangga

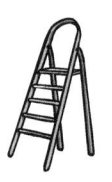

መጋዝ

gergaji

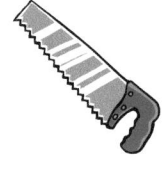

መስማር

paku

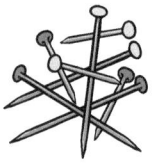

ኩዓቲ

bor

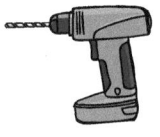

ምዕራይ
....
perbaikan

ባደላ
....
sekop

አይ!
....
Sialan!

መትሓዚ ዶሮና
....
cikrak

ድስቲ ቀለም
....
pot cat

ካቺቢተ
....
sekrup

መሳርሒ ሙዚቃ

alat musik

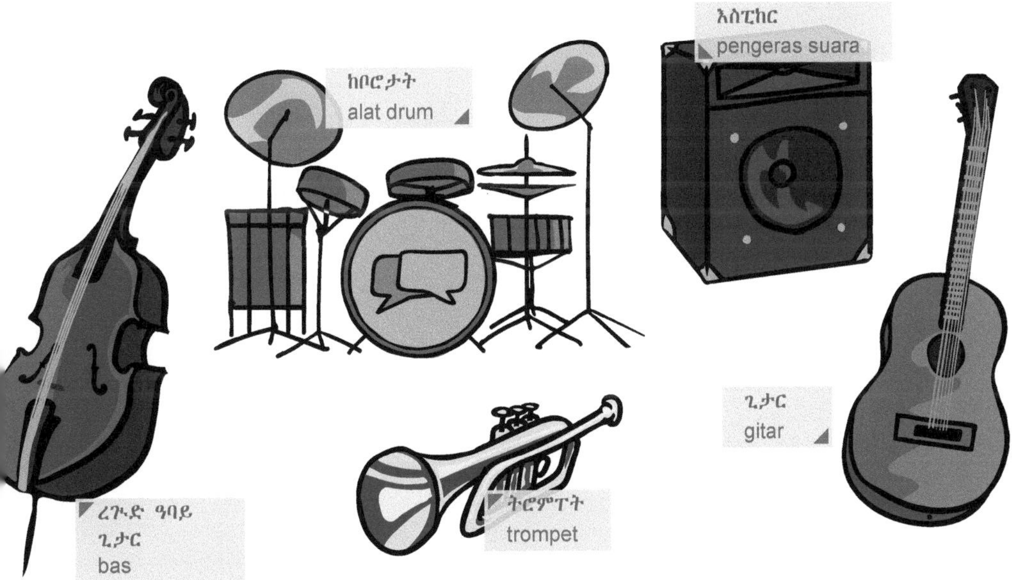

ከቦታት
alat drum

እስፒከር
pengeras suara

ጊታር
gitar

ትሮምፔት
trompet

ረጒድ ዓባይ
ጊታር
bas

ፒያኖ

piano

ቪዮሊን

violin

ባስ ጊታር

bass

ቲምንኢ

tambur

ከበሮ

drum

ኦርጋን

keyboard

ሳክሶፎን

saksofon

ሻምብቆ

suling

ሚክሮፎን

mikrofon

መካነ እንስሳታት

kebun binatang

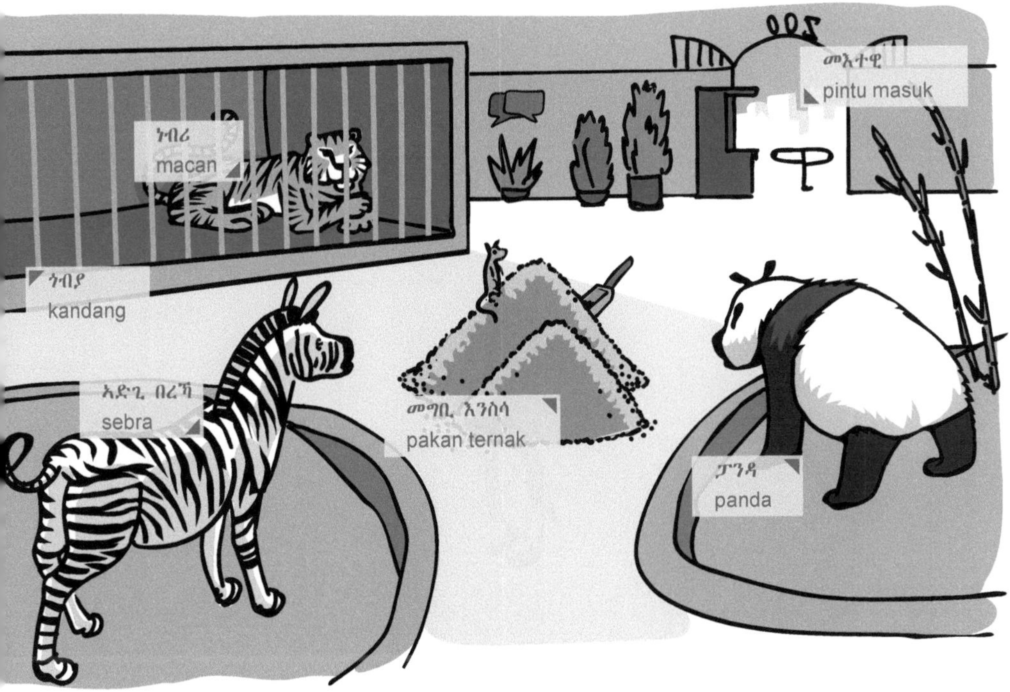

ነብሪ
macan
መእተዊ
pintu masuk
ጎብያ
kandang
ኣድጊ በረኻ
sebra
መግቢ እንስሳ
pakan ternak
ፓንዳ
panda

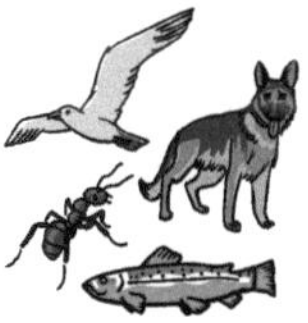

እንስሳታት

hewan

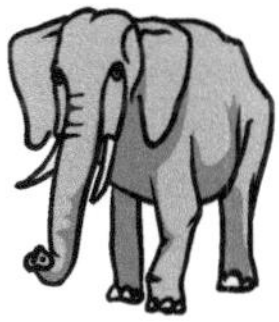

ሓርማዝ

gajah

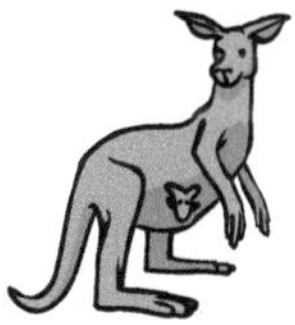

ካንጋሩ

kanguru

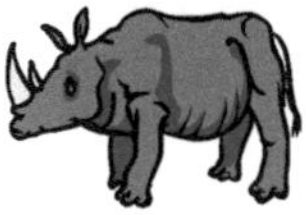

ሓሪሽ

badak

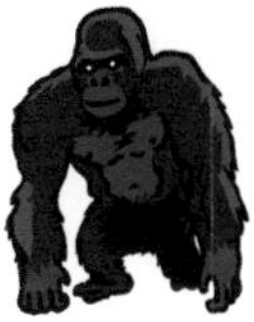

ጉሪላ

gorila

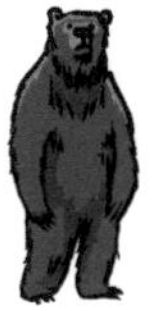

ድቢ

beruang

ገመል
....
unta

ሰጎን
....
burung unta

አንበሳ
....
singa

ህበይ
....
monyet

ፍላሚንጎ
....
flamingo

ሕንጻይ
....
burung beo

ድቢ በረድ
....
beruang polar

ፐንጉን
....
penguin

ከልቢ ዓሳ
....
hiu

ጣውስ
....
merak

ተመን
....
ular

ሓርገጽ
....
buaya

ሓላዊ ቤት ገርድሽ
....
penjaga kebun binatang

ዓሳ ዚምገብ እንስሳ ባሕሪ
....
segel

ጃጓር
....
jaguar

መካነ እንስሳታት - kebun binatang

ሓጹር ፈረስ
kuda poni

ነብሪ
macan tutul

ጉማረ
kuda nil

ጄራፍ
jerapah

ሊላ
burung elang

መፍለስ
babi jantan

ዓሳ
ikan

ጎብየ
kura-kura

ዋልሩስ
anjing laut

ወ'ኻርያ
rubah

ሰስሓ
kijang

ናይ ኣሜሪካ ኩዕሶ እግሪ
american football

ምዝዋር ብሽግለታ
naik sepeda

ተኒስ
tennis

ባስከትባል
basketbal

ምሕምባስ
bernang

ቦክሲንግ
tinju

ሆኪ በረድ
hoki es

ኩዕሶ እግሪ
sepak bola

ባድሚንቶን
badminton

እስፖርታዊ ንጥፈታት
atletik

ኩዕሶ ኢድ
bola tangan

ስኪ
main ski

ፖሎ
polo

ሰሐቅ
ketawa

ነጠረ
meloncat

ሐቖፈ
memeluk

ደረፈ
menyanyi

ከደ
berjalan

ጸለየ
berdoa

ሰዓመ
mencium

ሐለመ
mengimpi

ጸሐፈ
menulis

ሰአለ
melukis

አርአየ
menunjuk

ደፍአ
mendorong

ሃበ
memberikan

ወሰደ
mengambil

አለው

mempunyai

ገበረ

melakukan

ኮነ

adalah

ጠጠው በለ

berdiri

ጎየየ

berlari

ሰሓበ

menarik

ሰንደወ

melempar

ወደቐ

jatuh

ሓሰወ

tidur

ተጸበየ

menunggu

ሰከም

membawa

ኮፍ በለ

duduk

ተኸድነ

berpakaian

ደቀሰ

tidur

ተሰአ

bangun

ረእየ

melihat

በኽየ

menangis

ብኣጻብዑ ደረዘ

mengelus

መሽጠ

menyisir

ተዛረበ

berbicara

ተረድአ

mengerti

ሓተተ

menanyak

ሰምዐ

mendengar

ሰተየ

minum

በልዐ

makan

አቐመጠ

merapikan

አፍቀረ

cinta

ከሸነ

memasak

ዘወረ

menyetir

ነፈረ

terbang

ብመርከብ ገየሽ
berlayar

ደመረ
menghitung

አንበበ
membaca

ተመሃረ
belajar

ሰርሐ
bekerja

መርዓወ
menikah

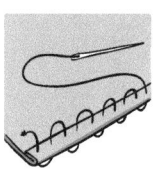

ሰፈየ
menjahit

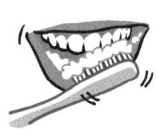

ጽሬት አስናን
sikat gigi

ቀተለ
membunuh

ሽጋራ ተከሽ
merokok

ሰደደ
kirim

ስድራቤት
keluarga

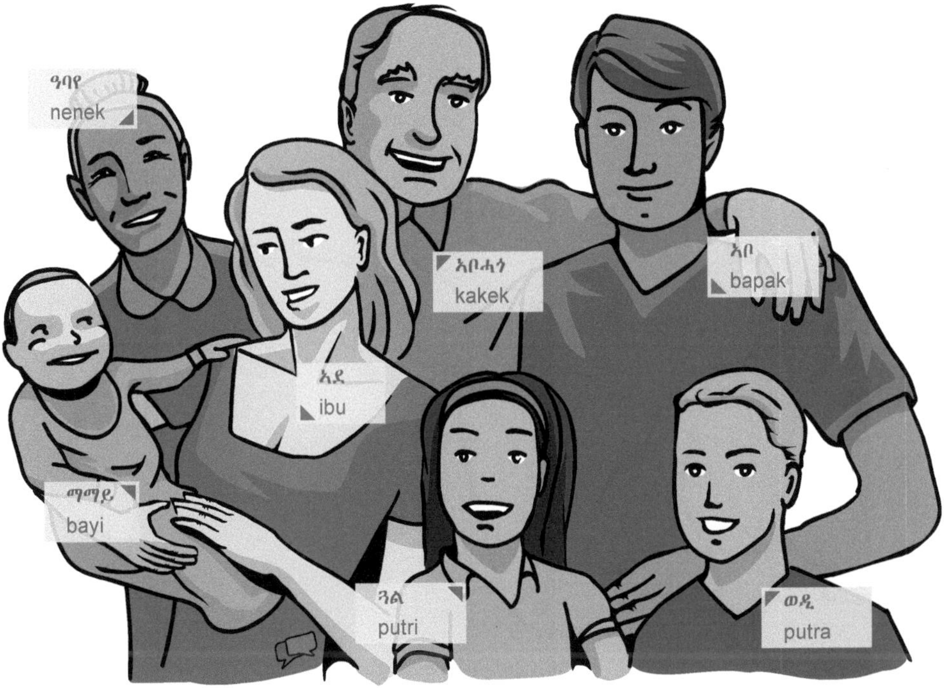

ዓባየ
nenek
ኣቦሓጎ
kakek
ኣቦ
bapak
ኣደ
ibu
ማማይ
bayi
ጓል
putri
ወዲ
putra

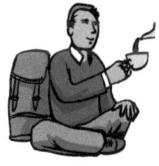

ጋሻ
....
tamu

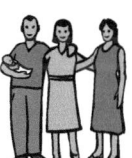

ሓትኖ
....
bibi

ኣኮ
....
paman

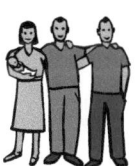

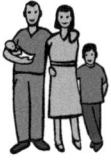

ሓው
....
kakak laki

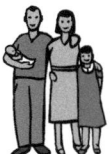

ሓፍቲ
....
kakak perempuan

ኣካላት

badan

ግንባር
dahi
ዓይኒ
mata
ገጽ
muka
መንከስ
dagu
ኣፍ-ልቢ
payudara
ኣጻብዕ
jari
ኢድ
tangan
ምናት
lengan
መንኩብ
bahu
ሽፋን እግሪ
kaki

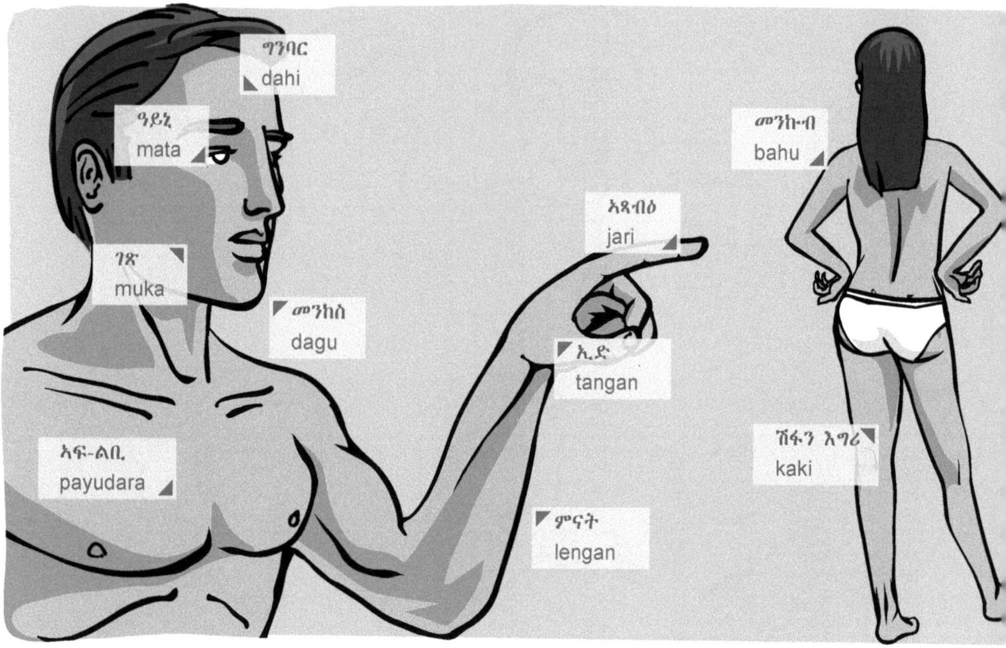

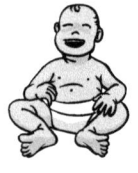

ማማይ

bayi

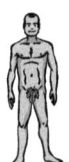

ሰብኣይ

pria

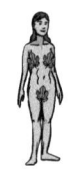

ሰበይቲ

wanita

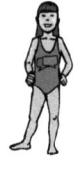

ጓል

perempuan

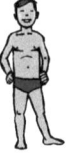

ወዲ

laki

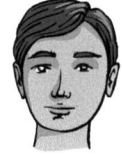

ርእሲ

kepala

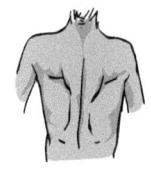

ሕቖ

punggung

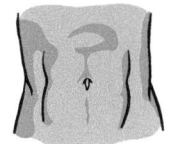

ከስዐ

perut

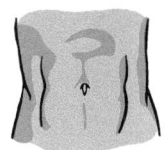

ሕምብርቲ

pusar

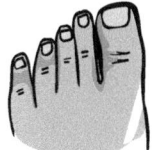

ኣጻብዕ እግሪ

toe

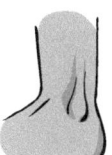

ኩርኹረ

tumit

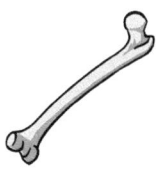

ዓጽሚ

tulang

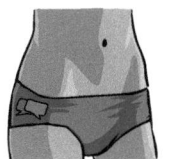

ምሕኩልቲ

pinggang

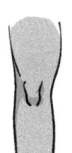

ብርኪ

lutut

ፍግፍጐ

siku

ኣፍንጫ

hidung

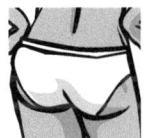

መዓኮር

pantat

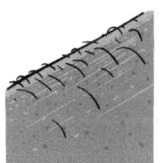

ቆርበት

kulit

ምዕጉርቲ

pipi

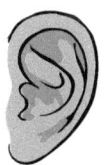

እዝኒ

telinga

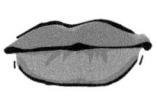

ከንፈር

bibir

አፍ
mulut

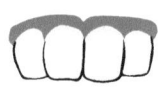

ስኒ
gigi

መልሓስ
lidah

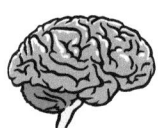

ሓንጎል
otak

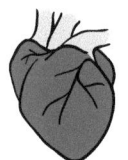

ልቢ
jantung

ጭዋዳ
otot

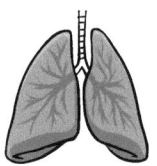

ሳንቡእ
paru-paru

ጸላም ከብዲ
hati

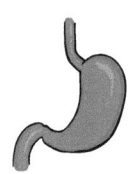

ከብዲ
stomach

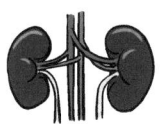

ኩሊት
ginjal

ግብረ ስጋ
hubungan seks

ኮንዶም
kondom

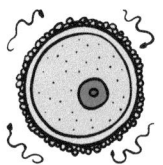

እንቋቍሐ
sel telur

ዘርኢ ተባዕታይ
sperma

ጥንሲ
kehamilan

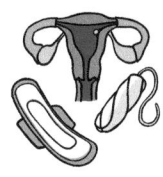

ጽግያት
....
menstruasi

ርሕሚ
....
vagina

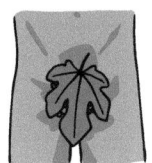

መትሎ
....
penis

ሽፋሽፍቲ
....
alis

ጸጉሪ
....
rambut

ክሳድ
....
leher

ሆስፒታል

rumah sakit

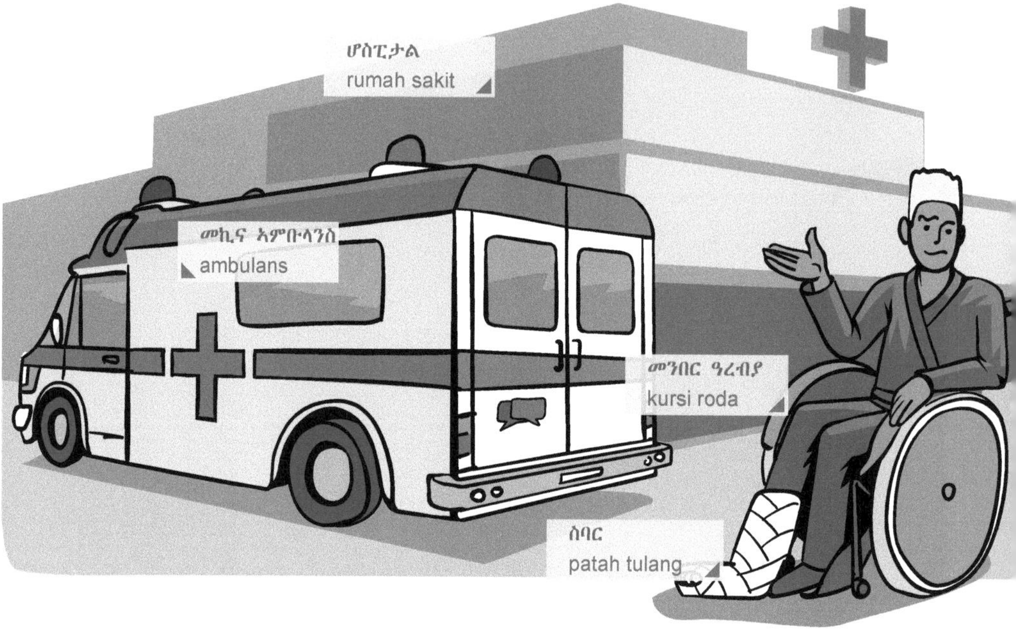

ሆስፒታል
rumah sakit
መኪና ኣምቡላንስ
ambulans
መንበር ዓረብያ
kursi roda
ስባር
patah tulang

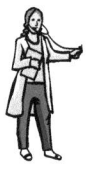

ሓኪም

dokter

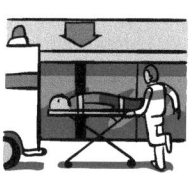

ክፍሊ ህጹጽ ረድኤት

ruang darurat

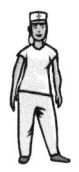

ኣላይት

perawat

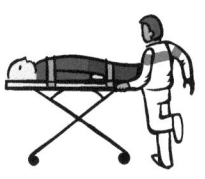

ህጹጽ ኩነት

darurat

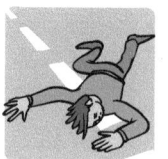

ውነኡ ዘጥፍአ

semaput

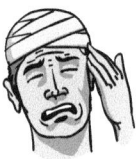

ቃንዛ

sakit

ጉድአት

cedera

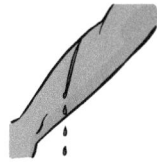

ደም

perdarahan

ማህረምቲ

serangan jantung

ማህረምቲ

stroke

አለርጂ

alergi

ሰዓል

batuk

ረስኒ

demam

ኡንፍልወንዛ

flu

ውጽአት

diare

ቃንዛ ርእሲ

sakit kepala

መንሽሮ

kanker

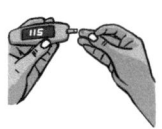

ሹኮርያ

diabetes

ሓኪም መጥባሕቲ

ahli bedah

መጥብሒ

pisau bedah

መጥባሕቲ

operasi

ሆስፒታል - rumah sakit

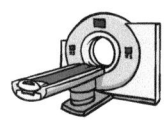

CT

CT

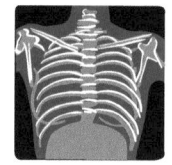

ራጂ

sinar x

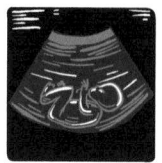

ልዕለ ድምጸዊ

usg

መሸፈኒ ገጽ

topeng

ሕማም

penyakit

ክፍሊ ምጽባይ

ruang tunggu

ምርኩስ

penyokong

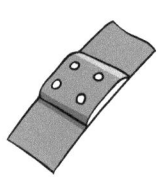

መጅነኒ ቄስሊ

plester

መጅነኒ

perban

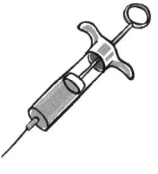

መርፍዕ ምውጋእ

injeksi

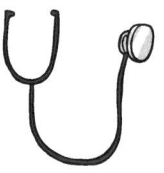

ስተቶስኮፕ

stetoskop

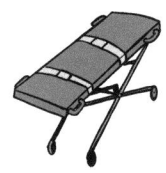

መሰከሚ ሕማም

usungan

ቴርሞመተር

termometer klinis

ትውልዲ

kelahiran

ልዕለ-ሚዛን

kelebihan berat badan

ሓገዝ ምስማዕ

alat pendengar

ኣንጻሒ

desinfektan

ልበዳ

infeksi

ቫይረስ

virus

ኤድስ

HIV / AIDS

ሕክምና

obat

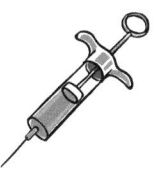

ክታብ

vaksinasi

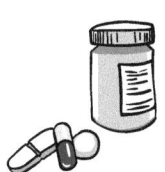

ክኒና

tablet

ክኒና

pil

ህጹጽ ምድዋል

panggilan darurat

መዕቀኒ ጸቕጢ ደም

ukur tekanan darah

ሕሙም / ጥዑይ

sakit / sehat

ሓገዝ

Tolong!

ኣላርም

alarm

ምህጃም

penyerbuan

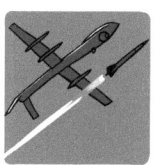

መጥቃዕቲ

serangan

ድንገት

bahaya

ህጹጽ መውጽኢ

pintu darurat

ሓዊ!

Api!

መጥፍኢ ሓዊ

alat pemadam kebakaran

ሓደጋ

kecelakaan

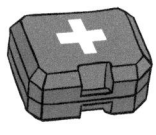

ሳንጣ ቀዳማይ ረድኤት

kit pertolongan pertama

SOS

SOS

ፖሊስ

polisi

ኤውሮጳ
Eropa

ሰሜን አመሪካ
Amerika Utara

ደቡብ አመሪካ
Amerika Selatan

አፍሪቃ
Afrika

ኤስያ
Asia

አውስትራልያ
Australi

አትላንቲክ
Atlantik

ፓሲፊክ
Pasifik

ህንዳዊ ዉቅያኖስ
Samudra India

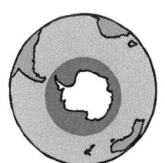

አንታርቲካዊ ዉቅያኖስ
Samudra Antartika

አርክቲካዊ ዉቅያኖስ
Samudra Arktik

ሰሜናዊ ዋልታ
kutub utara

ደቡባዊ ዋልታ

kutub selatan

አንታርቲካ

Antarktika

ምድሪ

bumi

መሬት

tanah

ባሕሪ

laut

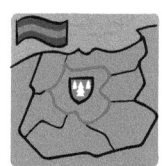

ደሴት

pulau

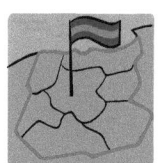

ሃገር

bangsa

ዓዲ

negara

ገጽ ሰዓት

jam wajah

አመልካቲ ሰዓታት

jarum pendek

አመልካቲ ደቓይቕ

jarum menit

አመልካቲ ካልኢት

jarum detik

ሰዓት ክንደይ አሎ?

Jam berapa?

መዓልቲ

hari

ግዜ

waktu

ሕጂ

sekarang

ዲጊታል ሰዓት

jam digital

ደቒቕ

menit

ሰዓት

jam

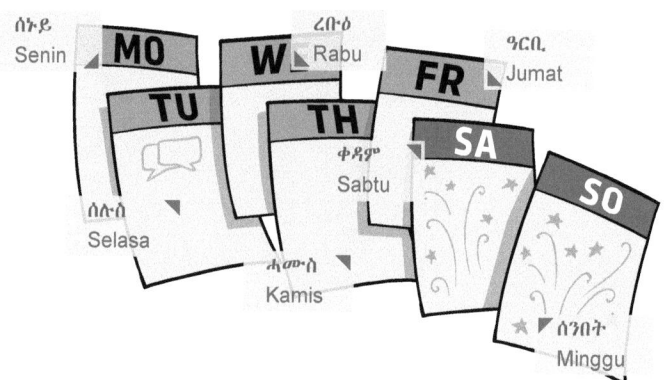

ሰኑይ Senin — MO
ሰሉስ Selasa — TU
ረቡዕ Rabu — W
ሓሙስ Kamis — TH
ዓርቢ Jumat — FR
ቀዳም Sabtu — SA
ሰንበት Minggu — SO

ትማሊ
....
kemaren

ሎሚ
....
hari ini

ጽባሕ
....
besok

ንጎሆ
....
pagi

ቀትሪ
....
siang

ምሸት
....
malam

MO	TU	WE	TH	FR	SA	SU
1	2	3	4	5	6	7
8	9	10	11	12	13	14
15	16	17	18	19	20	21
22	23	24	25	26	27	28
29	30	31	1	2	3	4

መዓልታት ስራሕ
....
hari kerja

MO	TU	WE	TH	FR	SA	SU
1	2	3	4	5	6	7
8	9	10	11	12	13	14
15	16	17	18	19	20	21
22	23	24	25	26	27	28
29	30	31	1	2	3	4

መወዳእታ ሰሙን
....
akhir minggu

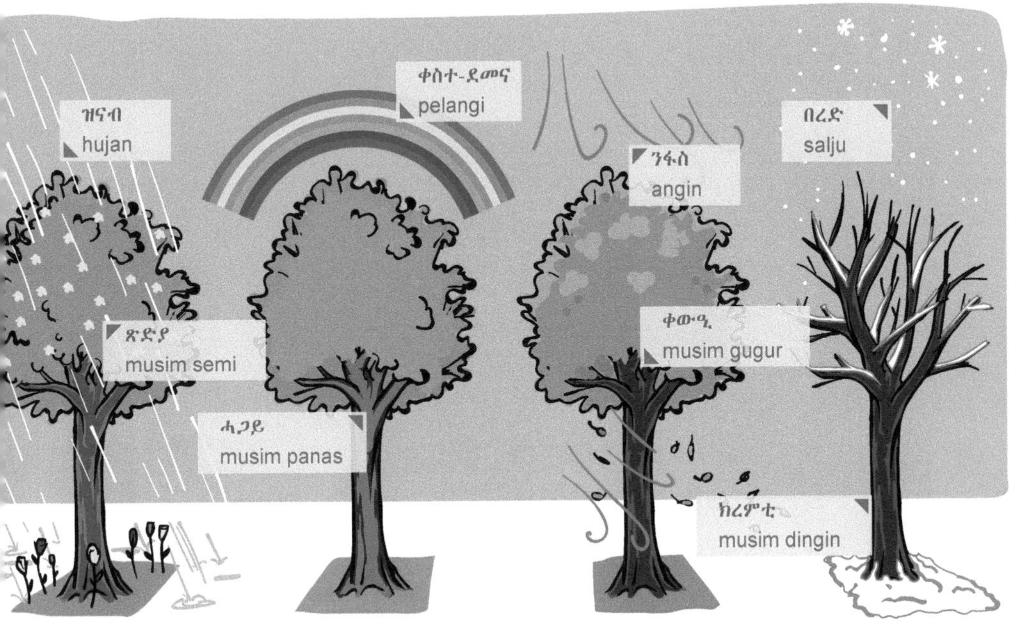

tahun

ዝናብ
hujan

ቀስተ-ደመና
pelangi

ንፋስ
angin

በረድ
salju

ጽድያ
musim semi

ሓጋይ
musim panas

ቀውዒ
musim gugur

ክረምቲ
musim dingin

4.APRIL	11°	☀
5.APRIL	4°	🌧
6.APRIL	13°	🌦
7.APRIL	8°	☀
8.APRIL	10°	☀

ትንቢት ኩነታት ኣየር

ramalan cuaca

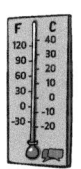

ቴርሞመተር

termometer

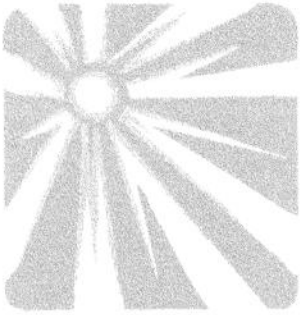

ብርሃን ጸሓይ

matahari

ደበና

awan

ግመ

kabut

ጠሊ

kelembahan

ብርቂ
....
kilat

ነጐዳ
....
guntur

ህቦብላ
....
badai

በረድ
....
hujan es

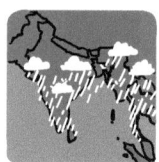

ብርቱዕ ህቦብላ
....
monsun

ውሕጅ
....
banjir

በረድ
....
es

ጥሪ
....
Januari

ለካቲት
....
Februari

መጋቢት
....
Maret

ሚያዝያ
....
April

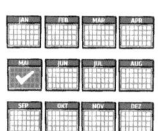

ጉንበት
....
Mei

ሰነ
....
Juni

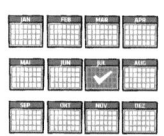

ሓምለ
....
Juli

ነሓሰ
....
Agustus

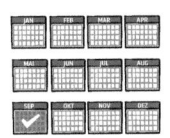

መስከረም
....
September

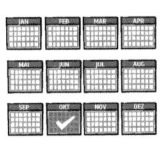

ጥቅምቲ
....
Oktober

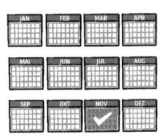

ሕዳር
....
November

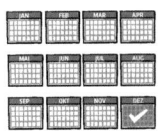

ታሕሳስ
....
Desember

ቅርጻታት

bentuk

ዙርያ
....
lingkaran

ትርብዒት
....
persegi

ቅኑዕ ርቡዕ ኲርናዕ
....
persegi panjang

ስሉስ ኩርናዕ
....
segi tiga

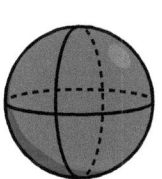

ክቢ
....
bola

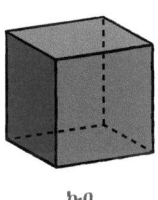

ኩቦ
....
kubus

ጻዕዳ

putih

ብጫ

kuning

ኣራንሺ

oranye

ፒንክ

pink

ቀይሕ

merah

ጁኽ

ungu

ሰማያዊ

biru

ቀጠልያ

hijau

ቡናዊ

coklat

ሓሙኽሽታይ

abu-abu

ጸሊም

hitam

ብዙሕ / ውሑድ

banyak / sedikit

ሕሩቕ / ሰላማዊ

marah / tenang

ጽቡቕ / ክፉእ

cantik / jelek

መጀመርያ / መወዳእታ

mulaih / selesai

ዓቢ / ንእሽቶ

besar / kecil

ብሩህ / ጸልማት

terang / gelap

ሓው / ሓፍት

saudara laki-laki / saudara
perempuan

ጽሩይ / ርሳሕ

bersih / kotor

ምሉእ / ዘይምሉእ

lengkap / tidak lengkap

መዓልቲ / ለይቲ

hari / malam

ሙ‌ዉት / ህልው

mati / hidup

ሰፊሕ / ጸቢብ

luas / sempit

ደስ ዘበል / ደስ ዘይብል
....
dapat dimakan / tidak dapat dimakan

እኩይ / ህያዋይ
....
jahat / baik

ርቡጽ / ስልኩይ
....
bersemangat / bosan

ረጊድ / ቀጢን
....
gemuk / kurus

ቀዳማይ / ናይ መወዳእታ
....
pertama / terakhir

ዓርኪ / ጸላኢ
....
teman / musuh

ምሉእ / ባዶ
....
penuh / kosong

ተሪር / ልስሉስ
....
keras / lembut

ከቢድ / ፈኩስ
....
berat / enteng

ጥምየት / ጽምየት
....
lapar / haus

ሕሙም / ጥዑይ
....
sakit / sehat

ዘይሕጋዊ / ሕጋዊ
....
ilegal / legal

መስተውዓሊ / ስዲ
....
cerdas / bodoh

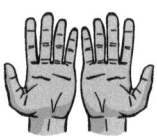

ጸጋም / የማን
....
kiri / kanan

ቀረባ / ርሑቕ
....
dekat / jauh

ሓዲሽ / ብሉይ
·················
baru / bekas

ዋላ ሓደ / ገለ
·················
tidak ada apapun / sesuatu

ዓቢ/ኣረጊት / መንእሰይ
·················
tua / muda

ወልዕ / ኣጥፍእ
·················
nyala / mati

ክፉት / ዕጹው
·················
buka / tutup

ህዱእ / ዓው
·················
tenang / keras

ሃብታም / ድኻ
·················
kaya / miskin

ቅኑዕ / ግጉይ
·················
benar / salah

ሓርፋፍ / ልሙጽ
·················
kasar / halus

ጉሁይ / ሕጉስ
·················
sedih / gembira

ሓጺር / ነዊሕ
·················
pendek / panjang

ቀስ / ቅልጡፍ
·················
pelan-pelan / cepat

ጥሉል / ንቑጽ
·················
basah / kering

ምዉቕ / ዝሑል
·················
hangat / sejuk

ውግእ / ሰላም
·················
perang / damai

0

ዜሮ

nol

1

ሓደ

satu

2

ክልተ

dua

3

ሰለስተ

tiga

4

አርባዕተ

empat

5

ሓሙሽተ

lima

6

ሽዱሽተ

enam

7

ሸውዓተ

tujuh

8

ሸሞንተ

delapan

9

ትሽዓተ

sembilan

10

ዓሰርተ

sepuluh

11

ዓሰርተ ሓደ

sebelas

12
ዓሰርተ ክልተ
duabelas

13
ዓሰርተ ሰለስተ
tigabelas

14
ዓሰርተ አርባዕተ
empatbelas

15
ዓሰርተ ሓሙሽተ
limabelas

16
ዓሰርተ ሽዱሽተ
enambelas

17
ዓሰርተ ሽውዓተ
tujuhbelas

18
ዓሰርተ ሽምንተ
delapanbelas

19
ዓሰርተ ትሽዓተ
sembilanbelas

20
ዕስራ
duapuluh

100
ሚእቲ
seratus

1.000
ሽሕ
seribu

1.000.000
ሚልዮን
juta

bahasa-bahasa

እንግሊዝኛ

Inggris

አመሪካዊ እንግሊዛዊ

bahasa Inggris Amerika

ቻይናዊ ማንዳሪን

bahasa Cina Mandarin

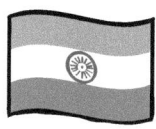

ሂንዳዊ

bahasa Hindi

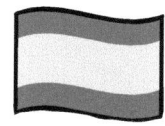

እስጳኛዊ

bahasa Spanyol

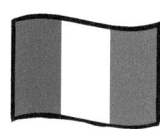

ፈረንሳዊ

bahasa Perancis

ዓረብዊ

bahasa Arab

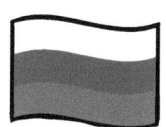

ሩሲያዊ

bahasa Rusia

ፖርቱጋላዊ

bahasa Portugis

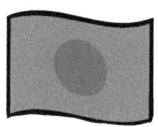

በንጋሊ

bahasa Bengal

ጀርመናዊ

bahasa Jerman

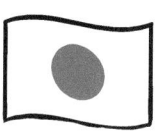

ጃፓናዊ

bahasa Jepang

አነ

saya

ንስኻ/ኺ.

kamu

ንሱ / ንሳ / ንሱ

dia

ንሕና

kita

ንስኻ

kalian

ንሳቶም

mereka

መን?

siapa?

እንታይ?

apa?

ከመይ?

begaimana?

አበይ?

dimana?

መዓስ?

kapan?

ሽም

nama

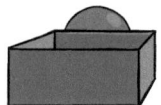

ድሕሪ
dibelakang

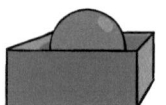

ኣብ
di

ኣብ ቅድሚ
didepan

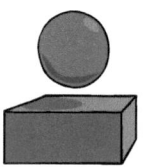

ኣብ ላዕሊ
diatas

ኣብ ልዕሊ
diatas

ትሕቲ ምድሪ
dibawah

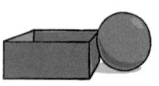

ኣብ ጥቓ
sebelah

ኣብ መንጎ
di antara

ቦታ
tempat